まいにち ウォッチャーズ

小学校入試 段階別ドリル

難易度 ★★★★★

応用編 Lv.1

日本学習図書 ニチガク

はじめに

　本書は弊社の人気シリーズ「小学受験　入試カレンダー問題集」の趣旨を引き継ぐ問題集です。

　本シリーズは、お子さまの学力の伸長にあわせた段階別の編集になっています。数量・図形・記憶などの
ペーパーテストに出題される分野だけでなく、巧緻性の分野もカバーした、総合的なものとなっています。弊
社の「ジュニアウォッチャー」「NEWウォッチャーズ」など、これまでの分野別にまとめられた問題集とは違
う特徴のある内容ですから、お子さまの学力を段階的につけることができます。

　この本（「まいにちウォッチャーズ　小学校入試 段階別ドリル応用編」）は、おもに5〜6歳児を対象とし
た内容となっています。ご家庭での学習の際には、保護者の方が問題の終わりにあるアドバイスを読んで、問
題の解き方を理解し、お子さまが何度も繰り返し解き直してください。学力の強化とともに、規則正しい学習
習慣が身近なものになります。この本の使い方としては、毎日少しずつ練習し、1度できた問題でも何度も復
習することが理想です。繰り返し練習の過程で、お子さまが答えを覚えてしまう場合もありますが、そのよう
な時は、4ページの一覧表を参考にして弊社の分野別問題集から最適な一冊を選んでいただき、さらなる実力
アップを目指してください。

　末筆になりますが、本書が小学校受験でよい結果を得る一助となることを願っています。

日本学習図書株式会社　編集部

「まいにちウォッチャーズ 小学校入試 段階別ドリル」シリーズ

タイトル		問題の難易度	詳 細
導入編	Lv. 1	☆☆	学習のはじめの一歩となる基礎学習。1から5までの数など。
	Lv. 2	☆☆〜☆☆☆	ハサミなどの道具の使い方や、言葉では同頭音語など、範囲を広げた基礎学習。
	Lv. 3	☆☆〜☆☆☆	3〜5までの数など、導入編では比較的難しい問題も収録。
	Lv. 4	☆☆☆	季節の知識、複合問題など、導入編の学習のおさらい。
練習編	Lv. 1	☆☆☆	導入編よりも複雑で、知識と思考力を必要とする問題を収録。
	Lv. 2	☆☆☆〜☆☆☆☆	シーソー（推理）、図形の構成（図形）など、実際の試験によく出る問題の基礎学習。
	Lv. 3	☆☆☆〜☆☆☆☆	生物の成長、マナー（常識）、ブラックボックス（推理）など、応用力が必要な問題演習。
	Lv. 4	☆☆☆☆	実際の入試を想定した、練習編のおさらい。
実践編	Lv. 1	☆☆☆☆	数量の聞き取り、お話の順序など、聞く力を中心に学習します。
	Lv. 2	☆☆☆☆〜☆☆☆☆☆	これまでより少し難しい問題で、初見の問題にも対応できる思考力を身に付けます。
	Lv. 3	☆☆☆☆〜☆☆☆☆☆	図形・数量・記憶・常識分野の問題を中心に、解答方法が複雑な問題に対応する力、難しい問題を正確かつ時間内に答える力を身に付けます。
	Lv. 4	☆☆☆☆☆	重ね図形、ひも結びなど入試によく出る問題と、実践編のおさらい。
応用編	**Lv. 1**	☆☆☆☆☆	要素の多い複合問題と応用力を必要とする問題で、実力をさらに強化します。
	Lv. 2	☆☆☆☆☆	Lv. 1よりも、さらに複雑で応用力の必要な問題を掲載。思考力を伸ばします。
	Lv. 3	☆☆☆☆☆	ケアレスミスや思い込みによる失敗をしないための課題演習。
	Lv. 4	☆☆☆☆☆	1レベル上の総合問題と発展問題。応用編の総まとめ。

※この表を参考にして、お子さまの学力にあわせた問題集をお選びください。

☆実力アップのための　オススメ問題集☆

・問題に取り組む中で、苦手な分野がわかったら、その分野の類似問題に取り組み、苦手をなくしましょう。

・弊社発行の「Ｊｒ・ウォッチャー」シリーズは、小学校入試で出題頻度の高い分野を細分化した問題集です。
　基礎を徹底して学べるだけでなく、苦手分野を克服するための学習にも最適です。

分野	問題	オススメ問題集
図形	問題4	Ｊｒ・ウォッチャー1「点・線図形」
	問題13	Ｊｒ・ウォッチャー2「座標」
	問題5	Ｊｒ・ウォッチャー4「同図形探し」
	問題6	Ｊｒ・ウォッチャー8「対称」
	問題6	Ｊｒ・ウォッチャー46「回転図形」
	問題7	Ｊｒ・ウォッチャー48「鏡図形」
数量	問題1・2・3・26	Ｊｒ・ウォッチャー14「かぞえる」
	問題2	Ｊｒ・ウォッチャー16「積み木」
	問題3	Ｊｒ・ウォッチャー40「数を分ける」
巧緻性	問題13・14・28・32	Ｊｒ・ウォッチャー23「切る・貼る・塗る」

分野	問題	オススメ問題集
記憶	問題26・27・28・29・30・31	Ｊｒ・ウォッチャー19「お話の記憶」
	問題25・28・32	Ｊｒ・ウォッチャー20「見る記憶・聴く記憶」
常識	問題19	Ｊｒ・ウォッチャー11「いろいろな仲間」
	問題16	Ｊｒ・ウォッチャー12「日常生活」
	問題17	Ｊｒ・ウォッチャー27「理科」、55「理科②」
	問題15・29・30・31・32	Ｊｒ・ウォッチャー34「季節」
	問題18	Ｊｒ・ウォッチャー56「マナーとルール」
言語	問題22・23	Ｊｒ・ウォッチャー17「言葉の音遊び」、60「言葉の音（おん）」
	問題20・21	Ｊｒ・ウォッチャー21「お話作り」
	問題22	Ｊｒ・ウォッチャー49「しりとり」
推理	問題12	Ｊｒ・ウォッチャー6「系列」
	問題11	Ｊｒ・ウォッチャー7「迷路」
	問題8・10	Ｊｒ・ウォッチャー15「比較」、58「比較②」
	問題9	Ｊｒ・ウォッチャー33「シーソー」

※オススメ問題集の分野は、内容によっては問題の出題分野と一致しないことがあります。

※書籍の詳細・ご注文は、弊社ＨＰ（https：//www.nichigaku.jp/）まで。

☆繰り返し練習の記録☆

・正解、不正解にかかわらず、同じ問題を2度3度繰り返して解くことで、実力がアップします。
・解いた日とその結果を記録して、効率のよい復習をしましょう。
・2回目は1〜3日以内に、3回目は2週間後ぐらいに繰り返すと効果的です。
・結果の記入例：◎（よくできました）、〇（できました）、△（もう少しがんばろう）

問題番号	分野	1回目		2回目		3回目	
		日にち	結果	日にち	結果	日にち	結果
問題1	数量	/		/		/	
問題2	数量	/		/		/	
問題3	数量	/		/		/	
問題4	図形	/		/		/	
問題5	図形	/		/		/	
問題6	図形	/		/		/	
問題7	図形	/		/		/	
問題8	図形	/		/		/	
問題9	推理	/		/		/	
問題10	推理	/		/		/	
問題11	推理	/		/		/	
問題12	推理	/		/		/	
問題13	複合	/		/		/	
問題14	制作	/		/		/	
問題15	常識	/		/		/	
問題16	常識	/		/		/	

問題番号	分野	1回目		2回目		3回目	
		日にち	結果	日にち	結果	日にち	結果
問題17	常識	/		/		/	
問題18	常識	/		/		/	
問題19	常識	/		/		/	
問題20	言語	/		/		/	
問題21	言語	/		/		/	
問題22	言語	/		/		/	
問題23	言語	/		/		/	
問題24	記憶	/		/		/	
問題25	記憶	/		/		/	
問題26	複合	/		/		/	
問題27	記憶	/		/		/	
問題28	複合	/		/		/	
問題29	記憶	/		/		/	
問題30	記憶	/		/		/	
問題31	記憶	/		/		/	
問題32	記憶	/		/		/	

※　　　　の問題に、絵はありません。

この本のご使用方法

○問題を切り取り、プリント形式にしてから問題に取り組んでください。あらかじめコピーを取っておくと復習する際に便利です。

○保護者の方が問題文を読み上げる、または見本を見せた後、お子さまが筆記用具または口頭で解答する形式で進行してください。

<難易度>
問題の難易度を☆の数で表しています。お子さまの理解度のめやすにしてください。

<筆記用具>
解答に記号（○・△など）をつける場合に使用します。色の指定がない場合は、赤または黒の筆記用具をご使用ください。

<準備>
通常は切り取ったイラストのみをご用意ください。そのほかの特別な準備が必要な時は、問題ごとに指示があります。

<解答時間のめやす>
その問題に割り当てられるべき時間です。かなり短く感じますが、実際の試験を参考に設定しています。できるだけ時間内に答えるようにしてください。

<解答>
問題の中には、解釈によっては正答が異なる場合もあります。
当問題集では一般的な解釈による解答を掲載しています。ただし、お子さまが別の解答をした場合でも、保護者の方に納得のいく説明ができれば正解としてください。

<解答のポイント>
保護者の方がお子さまに指導する際の参考としてください。

1 数量（選んでかぞえる）　　　　　　　　難易度 ☆☆☆☆

〈問題〉①夏の夜、河原に行くと、絵のような虫がいました。虫の名前を
　　　　言ってください。
　　　②虫は何匹いますか。話してください。
　　　③光っている虫は何匹いますか。話してください。
　　　④光っている虫と光っていない虫ではどちらが何匹多いですか。話
　　　　してください。

〈解答時間のめやす〉各30秒

〈解答〉①ホタル　②11匹　③5匹　④光っていない虫が1匹多い

〈解答のポイント〉
　数量の問題です。④を除けば見たままの数を答えるだけの問題なの
で、それほど難しくはありません。慎重に、落ち着いて答えれば間
違いも少なくなるでしょう。こうした問題で気を付けたいのは、条
件、指示をよく理解しないまま答えること。結果に差が出るとすれ
ばそうした勘違いによる間違いです。複雑だったり、レベルが高い
問題は、ほとんどの志願者ができないので、差はつかないのです。

2 数量（積み木）　　　　　　　　　　　難易度 ☆☆☆☆

〈問題〉それぞれの四角の積み木の数をかぞえて、その下の四角にその数だ
　　　け○を書いてください。

〈筆記用具〉鉛筆

〈解答時間のめやす〉2分

〈解答〉①○：7　②○：8　③○：9　④○：8

〈解答のポイント〉
　正方体のブロック（積み木）の組み合わせで使われているブロック
の数をかぞえる時の注意点は、「イラストに描かれていないブロッ
クを見逃さない」ことだけです。わかりにくければ、8個の組み合
わせで全体がサイコロのように組み合わせたものを基準にしましょ
う。ほとんどの組み合わせは、その形にブロックを加えた、もしく
は減らしたものと考えると、解答時間が節約できます。

3 数量（数を分ける）　　　　　　　　　難易度 ☆☆☆☆

〈問題〉①上の絵を見てください。1枚のお皿にケーキを2つずつ載せてい
　　　　くと、ケーキはいくつ余りますか。その数だけ、右の四角に○を
　　　　書いてください。
　　　②下の絵を見てください。イチゴを4人のお友だちで分けると、1
　　　　人いくつもらえますか。その数だけ、右の四角に○を書いてくだ
　　　　さい。

〈解答時間のめやす〉2分

〈解答例〉①○：1　②○：3

〈解答のポイント〉
小学校受験では「一対多の対応」と言いますが、ものを分ける、分配する時の数に関する問題です。観点は「9個のものを3人で分けると1人3個になる」という考え方ができるかどうかです。意外と思われるかもしれませんが、数字を学ぶまではほとんどのお子さまは、この考え方ができません。おはじきなどの具体物で説明するのも1つの方法ですが、お子さまに体験させることがより効率のよい学習になります。お菓子でも文房具でも構いませんが、お友だちに、家族に何かを配る、分けるという体験をさせてください。

④ 図形（点・線図形）　　　　　　　　難易度 ☆ ☆ ☆

〈問題〉左側と同じように鉛筆で線を引いてつないでください。

〈筆記用具〉鉛筆

〈解答時間のめやす〉3分

〈解答〉省略

〈解答のポイント〉
図形分野の問題と言っても、「点・線図形」だけは作業の要素が多い問題です。あまり考えさせる要素はありません。コツとしては、点を線でつなぐ時に、はじめの点と次の点の位置を確認して、一気に引くようにすること、斜めの線は真っすぐ引くように特に注意するといったことでしょうか。運筆に関しても同じことが言えますが、正しい筆記用具の持ち方さえ意識していれば、後は数多くの問題に答え、作業を行っていけば精度が上がるだけなく、作業のスピードも上がってきます。

⑤ 図形（同図形探し）　　　　　　　　難易度 ☆ ☆ ☆

〈問題〉たくさんの子どもがいますね。左の四角の中の子どもと同じ絵を右から探して、それぞれ女の子には△を、男の子には○を、赤ちゃんには×をクーピーペンでつけてください。

〈筆記用具〉クーピーペン

〈解答時間のめやす〉1分

〈解答〉下図参照

〈解答のポイント〉
同図形探しの問題は、問題の性質上、どうしても「似たような形」が選択肢として並ぶことになります。一目で違うとわかれば、問題にならないからです。そこで大切なのが観察力です。この問題のように人や動物の中から同図形を探すのは比較的簡単でしょう。観察するポイント、つまり、絵によって違いそうな場所があらかじめわかっているからです。何でもよいのですが、例えば「体全体→顔（髪型）→服装」とふだん見るのと同じように観察して、答えをだしてください。

⑥ 図形（回転図形）　　　　　　　　難易度☆☆☆☆☆

〈**問題**〉この問題の絵は縦に使ってください。
　　　左の形を黒丸の数だけ左に回すとどんな形になるでしょうか。右の
　　　四角の中から選んで○をつけてください。

〈**筆記用具**〉鉛筆

〈**解答時間のめやす**〉各30秒

〈**解答**〉①左から２番目　②左端　③左から２番目　④左から２番目
　　　　⑤右端

〈**解答のポイント**〉
回転図形の問題です。試験が近づいているなら、解答用紙を実際に
回転させて考えるのはそろそろやめておきましょう。解答時間内に
答えられません。答えはなにかと考えるのではなく、見本の図形が
回転するとどうなるかを順を追って考えてください。イメージがし
やすくなります。例えば２回回す図形なら、「２回回したらどのよ
うになるか」ではなく、「１回回すと～になる」「もう１回回す
ると～になる」と段階を分けて考えるのです。

⑦ 図形（対称図形・鏡図形）　　　　難易度☆☆☆☆☆

〈**問題**〉この問題の絵は縦に使用してください。
　　　左の形は透明な紙に書かれていますが、黒く塗りつぶされている部
　　　分があります。この２つの形を真ん中の点線で矢印の方向に折りた
　　　たんだ時、黒い部分と重なった記号は見えなくなってしまいます。
　　　見える記号だけを右の四角のマス目に書いてください。

〈**筆記用具**〉鉛筆

〈**解答時間のめやす**〉３分

〈**解答**〉下図参照

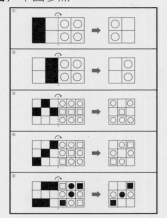

〈**解答のポイント**〉
鏡図形はその名の通り、「鏡に映すと映されたものの左右が入れ替
わる」という法則をもとにして出題されています。ここではこれに
加えて、塗りつぶされた四角に記号が来た場合はどうなるかもあわ
せて考える必要があります。混乱しないように、切り分けて考えま
しょう。図形全体ではなく、１つのマスがどうなるかをイメージす
るのです

8 推理（比較）　　　　　　　　　難易度 ☆☆☆☆

〈問題〉同じ長さの白と黒のリボンをつないでさまざまな形が作られています。
　　　①1番長いリボンを見つけて、△をつけてください。
　　　②2番目に短いリボンを見つけて、□をつけてください。
　　　③リボンの長さが同じものを見つけて、両方に○をつけてください。

〈筆記用具〉鉛筆

〈解答時間のめやす〉1分

〈解答〉下図参照

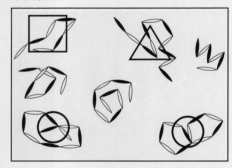

〈解答のポイント〉
　重さの比較に次いでよく出題されるのが、本文のような長さの比較の問題です。問題になるくらいなので、一目見ての判断は難しいでしょう。ほかの推理の問題と同じく「判断の理由」が必要です。ここでは「白と黒のリボンの長さは同じ」という条件に注目して、単純につないであるリボンの数を合計すれば答えが出ます。重要なのはこの解き方を覚えるのではなく、考えることです。保護者の方も覚えさせるのではなく、考えさせる指導を心がけてください。

9 推理（シーソー）　　　　　　　難易度 ☆☆☆☆

〈問題〉上の段のようにシーソーが釣り合っています。下の段のようにシーソーにものを載せると、シーソーはどちらに傾くでしょうか。傾く方の下の四角に○を書いてください。

〈解答時間のめやす〉1分

〈解答〉①左　②右

〈解答のポイント〉
　シーソーの問題は、載せられるものの順位付けと「AはBの2倍の重さ」といった関係を理解してから、それぞれの問題に答えるとスムーズに解答できます。例えば「A＞B、B＞CゆえにA＞B＞C」という順位付けを最初にしておけば、どんな出題であろうとすぐに答えられるのではないでしょうか。問題は、お子さまは記号や数字を使って考えてはいけない、という小学校受験のルールです。お子さまが理解できるよう、イラストや具体物を見せながら解説してください。効率よく理解することができます。

10 推 理 (比 較)　　　　　　難易度 ☆ ☆ ☆ ☆

〈問題〉絵のように大きさが違う３つのボールがそれぞれの坂道を転がります。転がる回数が１番多いボールに○、２番目に多く転がるボールに△をつけてください。

〈筆記用具〉鉛筆

〈解答時間のめやす〉１分

〈解答〉下図参照

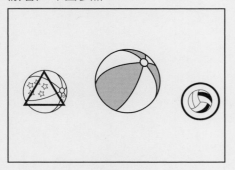

〈解答のポイント〉
　ボールの転がる距離やスピードについては、斜面の角度、高さ、ボールの大きさ・重さなどに左右されますが、ここでは単に回転数を聞いているのでボールの大・小を比較すれば答えが出ます。問題はこういった思考ができるかということです。発想や着眼点がポイントになっている問題と言えるでしょう。

11 推 理 (迷 路)　　　　　　難易度 ☆ ☆ ☆ ☆

〈問題〉左側の動物たちが迷路を通っていくと１つずつおやつがもらえます。動物たちはそれぞれなにがもらえるでしょう。右の四角の動物とお菓子を線でつないでください。

〈筆記用具〉鉛筆

〈解答時間のめやす〉２分

〈解答〉下図参照

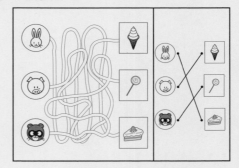

〈解答のポイント〉
迷路の問題です。よくハウツーでゴールからスタートへ経路をたどる方法が紹介されていますが、教えるのであれば、その理由を教えておきましょう。理由は「分岐点で間違った方向に進まないから」です。保護者の方はもちろんおわかりになると思いますが、お子さまには少し難しいかもしれません。理解できないようであれば、無理やり押し付けるのではなく、納得するように実例を示したり、いっしょに少し複雑な迷路を解いてみるなどの工夫をしてください。

12 推理（系列）　　　　難易度 ☆☆☆☆

〈問題〉①食器があるお約束で並んでいます。空いている四角には何が入る
　　　　でしょう。入りそうなものを右の中から選んで、☆に入るものに
　　　　は○を、★に入るものには×をつけてください。
　　　②あるお約束通りに点を線でつないでいます。□に当てはまる線を
　　　　書いてください。

〈筆記用具〉鉛筆

〈解答時間のめやす〉各1分

〈解答〉下図参照

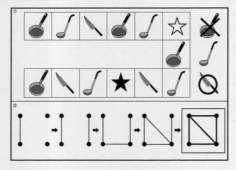

〈解答のポイント〉
系列の問題です。系列を完成させるには、どのようなお約束で図形
が並んでいるかを前後のパターンから推理する必要があります。指
で記号を押さえていくというハウツーもありますが、試験前にはそ
の段階は卒業しておきましょう。将来役立つ知識ではありません
し、法則を発見するための観察力や思考力を養うことにもつながら
ないからです。なお、②の「お約束」は1本ずつ線が増えていくこ
とですが、解答の位置の線（横の線）だけではなく、右上から左下
へ向かう斜めの線でも正解です。

13 複合（巧緻性・座標）　　　　難易度 ☆☆☆☆

〈問題〉星空が描いてあります
　　　①上から2段目の左端の星を黄色の色鉛筆で塗ってください。
　　　②下から2段目の右から2番目の星を赤色の色鉛筆で塗ってくださ
　　　　い。
　　　③1番上の段の左から2番目の星を青色の色鉛筆で塗ってくださ
　　　　い。
　　　④1番下の段の真ん中の星をオレンジ色の色鉛筆で塗ってくださ
　　　　い。
　　　⑤下から3段目の左から3番目の星を緑色の色鉛筆で塗ってくださ
　　　　い。

〈筆記用具〉色鉛筆

〈解答時間のめやす〉各30秒

〈解答〉省略

〈解答のポイント〉
座標で指示された場所に色を塗るという問題です。塗る色も指定さ
れるのでかなり複雑な印象を受けますが、考える要素はないので作
業を要領よく行って余裕を作り、混乱することなく解答しましょ
う。色を塗るという作業は意外と多くの場面で行います。塗るとい
う作業になれておけば、解答時間も短縮できます。

14 制作

〈準備〉クーピーペン（黒・茶・赤）、セロハンテープ、ハサミ、のり、トイレットペーパーの芯2本、折り紙（2枚）
あらかじめ、問題14−2の右側にある四角を線に沿って切り取っておく。

〈問題〉これから「パンチョ君のえんぴつ立て」を作ります。はじめに私（出題者）が説明をしながら作りますので、それを見て作り方を覚え、その後に自分で作ってください。
①（問題14−2の絵を渡し）パンチョ君のヒゲを茶色のクーピーペンで、目を黒のクーピーペンで塗ってください。その後、線に沿って、パンチョ君をハサミで切ります。
②（問題14−2の切り取った絵を渡し）マラカスの白いところを赤いクーピーペンで塗ってください。その後、太い線に沿って手でちぎります。
③パンチョ君の手にマラカスをのりで貼ってください。
④トイレットペーパーの芯を2つ合わせ、3箇所（上・真ん中・下の方）にセロハンテープを1周させながら留めてください。
⑤折り紙2枚をトイレットペーパーの芯の高さに合わせて切り、2枚の折り紙をのりで貼り合わせてつないでください。
⑥トイレットペーパーの芯に、折り紙をしっかりと巻きつけます。巻き始めるとき、折り紙をトイレットペーパーの芯にのりで貼ってから巻き、巻き終わったら端をのりで貼って留めてください。しっかりと巻くことができます。
⑦③で作ったパンチョ君をセロハンテープで3カ所留めます。

〈解答時間のめやす〉20分

〈解答〉省略

〈解答のポイント〉
制作課題では、ハサミを使って切る、手で紙をちぎる、のりやセロハンテープで貼る、色を塗るといった作業が出題されます。こういった作業を手早くきれいに行うには、慣れるまで練習を繰り返すしかありません。器用・不器用より、練習を繰り返した回数が巧緻性の差になると考えましょう。しかし、これらの作業にもコツはあります。ハサミを使う際には、刃先ではなく根元に近いところを使い、紙を動かすときれいに切れます。紙を手でちぎる時は、ちぎりたい線を中心に左右の手をなるべく近づけて行うとよいでしょう。クレヨンなどで色を塗る時は、まず輪郭線の内側を線に沿って塗り、それから広いところを塗ると手早くきれいに塗れます。お子さまがうまくいかず手間取っている時は、保護者の方がアドバイスをしてください。

15 常 識 （ 季 節 ）　　　　　　難易度 ☆☆☆

〈問題〉同じ季節に見られるもの同士を選んで、赤色で点と点を結んで下さい。

〈筆記用具〉クーピー（赤）

〈解答時間のめやす〉4分

〈解答〉下図参照

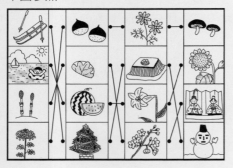

〈解答のポイント〉
最近では食べものも、旬とは関係なく市場に流れています。ですから、いつの季節の食べものなのか、いつの植物なのかといったことは、ご家庭でお子さまに伝えるほかありません。買い物に出かける時、食事の準備をする時など、季節を意識してみるとよいでしょう。

16 常 識 （ 生 活 ）　　　　　　難易度 ☆☆☆☆

〈問題〉絵に描いてあるものの中で料理を作る時に使うものに○をつけてください。

〈筆記用具〉鉛筆

〈解答時間のめやす〉1分

〈解答〉省略

〈解答のポイント〉
生活常識の問題全般に言えることですが、実際に体験することがもっとも効果的な学習になります。本問は、「料理を作る時に使うもの」を選ぶ問題なので、保護者といっしょに料理を作ること自体が学習なのです。こうした常識問題は、生活の中でどのように使われているかを理解しているかという部分が問われています。頭の中だけではなく、生活に密着した知識として身に付けておくことで、知識の幅も広がり、結果的に学習にもつながっていきます。

17 常識（理科） 難易度 ☆☆☆☆

〈問題〉絵に描いてあるものの中で川や池に住んでいるものに〇をつけてください。

〈筆記用具〉鉛筆

〈解答時間のめやす〉2分

〈解答〉下図参照

〈解答のポイント〉
常識分野の学習は、机上のみで成り立つものではありません。実際に見て、触れて、感じることが、重要なポイントになります。本問で問われているのは、淡水魚はどれかということなのですが、川や池に行って、体験的な知識として身に付けるということは簡単ではありません。保護者にとっても難しい問題なので、お子さまといっしょに学んでいくようにましょう。水族館に行けば、淡水魚と海水魚のコーナーが分かれていたりするので、その違いを考えてみるのもよいでしょう。できるだけ、体験を通じての学習になるように心がけてください。

18 常識（マナー） 難易度 ☆☆☆☆☆

〈問題〉絵を見てください。病院の待合室が描いてあります。この中でよくないことをしている人に×をつけてください。

〈筆記用具〉鉛筆

〈解答時間のめやす〉2分

〈解答〉下図参照

〈解答のポイント〉
本問のような「絵の中でよくないことをしている人は誰でしょう」という問題は、よく出題されているので、「あのパターンの問題ね」という方もいるでしょう。ただ、この問題を単なる受験知識としてとらえていては、失敗の原因になりかねません。知っているだけではなく、そうした状況で正しい行動がとれるかどうかが、問題の本質なのです。そうした部分は行動観察などでチェックされることになります。知識としてのマナーではなく、行動をともなったマナーを身に付けていくようにしましょう。

19 常識（仲間探し）　　　　　　　　難易度 ☆☆☆☆☆

〈問題〉①この中で仲間外れはどれですか。青のクーピーペンで〇をつけま
　　　　しょう。
　　　　②秋のものにすべて赤のクーピーペンで〇をつけましょう。

〈筆記用具〉クーピーペン

〈解答時間のめやす〉　1分

〈解答〉①トマト　　②お月見・稲刈り

〈解答のポイント〉
　常識の問題は多岐に渡ります。その中で本問は理科的常識の問題
です。①は根っこの部分が実となる根菜類の仲間外れでトマト。
②は解答以外がそれぞれ、ひな祭り・さくら（春）、こいのぼり
（春）、うちわ・風鈴（夏）、雪だるま・クリスマス（冬）となっ
ており、正解はお月見・稲刈り（秋）となります。理科的常識につ
いては日頃からお子さまの好奇心に応えることが重要です。親子の
コミュニケーションが鍵になりますから、日頃から知識を蓄える意
識をするようにしてください。

20 言語（お話作り）　　　　　　　　難易度 ☆☆☆

〈問題〉「？」となっているところにはどんな絵が入ると思いますか。話し
　　　　てください。

〈解答時間のめやす〉　2分

〈解答〉省略

〈解答のポイント〉
　こうした穴埋め形式のお話作りには、ある程度の論理性が求められ
ます。右上の絵と右下の絵の間に何が起こったのかを想像し、言葉
にして伝えなければいけません。というと難しく思えるかもしれま
せんが、厳密な正解があるわけではないので、楽しみながらお話を
考えていくようにしましょう。お子さまは、？の場面をイメージで
きたとしてもそれを言葉にすることは簡単ではありません。まず
は、お子さまが伝えようとしていることをすべて受け止めてあげま
しょう。そこから少しずつ伝わる言葉になるように、サポートして
あげてください。

21 言語（お話作り）　　　　　　　　難易度 ☆☆☆☆

〈問題〉絵を見ながらお話を作ってください。どの絵を何枚使ってもかまい
　　　　ません。

〈解答時間のめやす〉　2分

〈解答〉省略

〈解答のポイント〉
お話作りの問題ですが、そのベースにあるのは体験です。生活体験や読書（読み聞かせ）体験などが乏しいと、こうした問題に対応することは難しくなります。全くの想像でお話を作れるお子さまもいるでしょうが、多くのお子さまは出題された絵と自分の体験を重ね合わせてお話を作ります。つまり、体験が多ければ多いほど、さまざまなバリエーションのお話を作ることができるというわけです。

22 言 語（言葉の音）
難 易 度 ☆ ☆ ☆ ☆

〈問題〉アライグマ→イチゴ→チクワのように言葉の真ん中の音でしりとりをします。真ん中の段の左の絵から始めた時、「？」の付いている場所に入る言葉はなんですか。下の段から選んで、○をつけてください。

〈筆記用具〉鉛筆

〈解答時間のめやす〉2分

〈解答〉イルカ

〈解答のポイント〉
真ん中の音でしりとり（真ん中とり）をするという、少しひねりのある問題です。しりとりと違って言葉がつながらないので、1つひとつ考えながら進めなければいけません。それ以前に問題の意味が理解できないということもあるかもしれません。入学試験においても、こうした何を問われているのかがわかりにくい問題には、はじめに例題があることが多いので、落ち着いて出題の意図をしっかり把握できるようにしておきましょう。形は違っても、考え方はしりとりと同じです。未知の問題と慌てることなく、落ち着いて取り組んでいきましょう。

23 言 語（しりとり）
難 易 度 ☆ ☆ ☆

〈問題〉マスの中にいろいろなものの絵があります。左上の「雪だるま」からしりとりで絵をつなげて、右下の「タイヤ」まで行くように線を書いてください。

〈筆記用具〉鉛筆

〈解答時間のめやす〉5分

〈解答〉雪だるま→マンボウ→うちわ→ワシ→シイタケ→けん玉→マイク→クラゲ→下駄→タイヤ

〈解答のポイント〉
日頃から、保護者とお子さまとの間でするようなしりとり遊びが、そのまま本問のような問題への対策となります。語彙は時間をかけずに身に付けることができません。お出かけした際など、「これは何ていうお花だった？」などと問いかけてあげましょう。ものの名前や季節、ものから受ける印象など、複合的に学ぶことができます。本問では頭文字が同じ絵が2つありますが、どちらかはその次が続かないようになっているので、注意が必要です。軽はずみに選んで線を引いてしまうと、解答用紙が汚くなってしまい、減点の対象にもなりかねませんので、選んだ絵の次の絵を見て、先に進めるか確認してから線を引くようにしましょう。

24 記憶（見る記憶）　　　　難易度 ☆☆☆

〈準備〉あらかじめ問題24の絵を中央の点線で切り分けておく。

〈問題〉（☆の絵を見せて）この絵をよく見て覚えてください。（15秒見せて伏せ、★の絵を見せる）さっきの絵と変わっていないものに○をつけてください。

〈筆記用具〉鉛筆

〈解答時間のめやす〉1分

〈解答〉下から2番目の絵

〈解答のポイント〉
記憶する時に形や向きなどを言葉で覚えるのではなく、映像として焼き付けていくことが必要です。魚の模様（斑点や縞の数など）、色、向きなど覚えるべきポイントを絞って見ていくと短時間で効率よく記憶することができます。苦手だという場合、「ものをよく観る」ことから教えてあげましょう。私たち大人でも、実はよく観ていないことは多々あります。歩行者用信号機では赤と青、どちらが下でしたか。コンビニの看板を明瞭に思い描くことができますか。日頃何気なく見ているものでも、いざたずねられると即答できないケースがあります。観るとは、ものがただ目に映っているだけの状態ではありません。

25 記憶（見る記憶）　　　　難易度 ☆☆☆

〈準備〉あらかじめ問題25の絵を裏返して机の上に置いておく。

〈問題〉これから私が「はい」と合図をしたら、机の上の紙を表に返してそこに描いてある絵をよく見て、何が描いてあるかしっかり覚えておいてください。次に私が「はい、やめて」と言ったらその絵を裏返しにして両手は膝の上に置いてください。
　　　　（「はい」の合図で課題の絵を15秒間見せて、15秒たったら絵を裏返しにさせて、回収する）

　　　①綱引きしていた動物は何匹いましたか。
　　　②今見た絵で綱引きをしていなかった動物はなんですか。
　　　③ブタと同じチームの動物はなんですか。
　　　④応援していた動物はなんですか。
　　　⑤台の上に乗って旗を振っていた動物はなんですか。

〈筆記用具〉鉛筆

〈解答時間のめやす〉各30秒

〈解答〉①6匹　②ウサギ、リス、ネコ、タヌキ　③イヌ、クマ
　　　　④リス、ウサギ、ネコ　⑤タヌキ

〈解答のポイント〉
「見る記憶」の問題では、まず絵の全体像を把握することが大切です。この問題は「運動会の絵」です。綱引き、2つのチーム、応援、万国旗とありますが、全体の情景を頭に入れることです。興味のある場所に注意が集中してしまうと見落としが出てきます。15秒というと短いようですが、この時間に集中して絵を見ていることはお子さまからすると大変辛抱のいることです。注意が散漫にならないようふだんから絵を見て話を作るような遊びをするのもよいでしょう。

26 複合（お話の記憶・数量）　　　難易度 ☆☆☆

〈問題〉タケノコ掘りの季節です。おじいちゃんの家にある竹やぶでお母さん、お父さん、お兄ちゃん、僕の4人でタケノコを掘りました。1番太いタケノコはお兄ちゃんが掘り、1番細いタケノコはお父さんが掘りました。1番長いタケノコは僕が掘り、1番短いタケノコはお母さんが掘りました。お兄ちゃんはお父さんより2本少なく、お母さんより2本多くタケノコを掘りました。僕はお兄ちゃんより1本少なく掘りました。

①上の段のタケノコと採った人を線で結んでください。
②下の段を見てください。お父さんとお母さんが掘ったタケノコの絵が描いてあります。お兄ちゃんと僕が掘ったタケノコの数だけそれぞれの四角に○を書いてください。

〈筆記用具〉鉛筆

〈解答時間のめやす〉各2分

〈解答〉下図参照

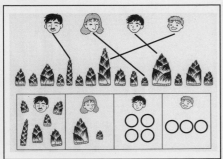

〈解答のポイント〉
　お話の内容は単純ですから理解できるでしょう。問題はタケノコの数について直接の表現がされていないことです。「お父さんより2本少ない」といった表現を整理しながら聞いておかないと、答えるタイミングで混乱しかねません。細部まで記憶できるという自信がなければ、登場するものの数、特徴など、問題になりやすいポイントは注意して聞く、反復するなどの工夫が必要です。

27 記憶（お話の記憶）　　　難易度 ☆☆☆

〈問題〉今日は日曜日です。クマ君が家で本を読んでいると、「おつかいに行ってきて」とお母さんが言いました。クマ君が、「いいよ〜」と答えると、お母さんはクマ君に買うものを書いたメモとお金を渡しました。クマ君にメモを見せながら、「これとこれは八百屋さん、これはお肉屋さんで、買ってきてね。もしお金が余ったら、ご褒美に好きなおかしを買ってもいいよ」と言いました。クマ君は「は〜い」と返事をし、バッグを持っておつかいに出かけました。八百屋さんに向かう途中、クマ君はサル君に会いました。サル君もお母さんに頼まれて、パン屋さんにおつかいでした。2人は「また明日、学校で」と言って別れました。八百屋さんに着くと、クマ君はお店の人にメモを見せて、ニンジンとジャガイモを買いました。すると、八百屋のおじさんが「1人でおつかいとは偉いねえ。これもおまけしてあげるよ」と言って、おいしそうなトマトをひとつおまけしてくれました。「ありがとう〜」と八百屋さんにお礼を言ったクマ君は、お肉屋さんに行きました。お肉屋さんに行く途中、今度はピアノを習いに行くウサギさんに会いました。「クマ君、1人でおつかいなんて偉いわね」とほめてもらったクマ君は、少し照れながら「ウサギさんもピアノの練習をがんばってね」と言って別れました。お肉屋さんでもお店の人にメモを見せてソーセージを買うと、クマ君は家に向かってゆっくりと歩き始めました。帰る途中、キツ

ネ君が公園のブランコで遊んでいるのを見たクマ君は「おつかいが終わったらいっしょに遊ぼうよ」と声をかけると、「ここで待っているよ」とキツネ君が言いました。おつかいを済ませて無事に家に戻ったクマ君は、お母さんに頼まれたものとおつりを渡すと、すぐにキツネ君のいる公園に向かいました。

①このお話に出てこなかった動物を選んで、○をつけてください。
②クマ君が八百屋さんのおじさんからおまけにもらったものを選んで、○をつけてください。
③サル君はどこへお使いに行く途中でクマ君に会ったでしょう。正しいものを選んで○をつけてください。
④ウサギさんは何の練習に行く途中でクマ君に会ったでしょう。正しいものを選んで○をつけてください。

〈筆記用具〉鉛筆

〈解答時間のめやす〉各1分

〈解答〉①タヌキ・ネコ　②トマト　③パン屋　④ピアノ

〈解答のポイント〉
動物が登場人物ですが、語られているのはふだんの生活の一場面ですから、理解しやすいお話と言えるでしょう。こういうお話の場合は、特にその情景を頭の中で思い描いておく必要があります。日頃の読み聞かせの時にそのような習慣を身に付けましょう。短いお話から始めて「誰が」「何を」「どんな」と簡単な質問を繰り返し、聞き手の記憶を明瞭にしていきます。この繰り返しが上手な聞き方へと導くのです。

28 複合（見る記憶・巧緻性）　　難易度 ☆☆☆

〈準備〉あらかじめ問題28の絵を中央の線で切り分けておく。
　　　　画用紙、のり

〈問題〉①★の絵をそれぞれ点線で切り分けてください。
　　　　②（☆の絵を見せて）この絵をよく見て覚えてください。（15秒見せて伏せる）見た絵と同じように並べて画用紙にのりで貼ってください。

〈解答時間のめやす〉①5分　②3分

〈解答〉省略

〈解答のポイント〉
月や雲の位置は間違わないでしょうが、花瓶やお供えはよく似ているので注意しましょう。慣れるまでは絵を見ながら、「左から花瓶、団子、くだもの、花瓶」と見えるものを言葉にしてみる、といった工夫をしてください。試験ではできないことですが、効率よく観察し、記憶するための目の配り方や情報の整理の仕方が自然と学べます。

29 記憶（お話の記憶）

難易度 ☆☆☆☆☆

〈問題〉お話をよく聞いて、後の質問に答えてください。

　ある晴れた日のこと。仲良しのクマさんとウサギさんとネコさんとタヌキさんとリスさんで遊園地へ行くことになりました。みんなはリュックサックにお弁当とお菓子を詰め込んで出発しました。クマさんのリュックサックはお弁当とお菓子でパンパンになっています。それを見たウサギさんは「そんなにいっぱい食べられるのかい？」と聞きましたが、クマさんは「全然平気だよ」と答えました。遊園地に着くと、最初にジェットコースターに乗って、次に観覧車に乗りました。観覧車に乗っていると、ネコさんは高いところが苦手なので、１番高いところに来た時に泣き出してしまいました。それでも次に大好きなメリーゴーランドに乗ったネコさんはすっかり元気になりました。お昼になったので、みんなはアジサイのいっぱい咲いている広場で、お弁当を食べることにしました。みんなはおにぎりを食べはじめました。タヌキさんだけ、サンドイッチだったので、恥ずかしそうにしていましたが、リスさんが「いいなぁ、僕もサンドイッチがよかったなぁ」と言ったので、タヌキさんは「そうかな？僕はおにぎりがよかったよ」と言いながらおいしそうにパクパクと食べはじめました。リスさんが１番最後にお弁当を食べ終わるころには、クマさんはいっぱい持ってきたお菓子を全部食べ終わっていました。みんなで午後に乗る乗り物の相談をしていると、ネコさんが「怖くない乗り物に乗りたいな」と言うので、コーヒーカップとゴーカートに乗りました。みんな遊園地でいっぱい遊んで楽しい１日になりました。

① 遊園地で乗った乗り物の順番はどれですか。正しいものに〇をつけてください。
② お話に出てこなかった動物に〇をつけてください。
③ サンドイッチを持ってきた動物は誰ですか。その動物に〇をつけてください。

④ 遊園地で泣き出してしまった動物に〇を書いてください。
⑤ このお話の季節と同じものに〇を書いてください。

〈筆記用具〉鉛筆

〈解答時間のめやす〉３分

〈解答〉①左下（ジェットコースター・観覧車・メリーゴーランド）
　　　　②イヌ　　③タヌキ　　④ネコ　　⑤ヒマワリ

〈解答のポイント〉
お話の記憶の問題では「誰が」「何を」「どうした」などのポイントをおさえ、情景を思い描きながらお話を聞きましょう。短いお話から始めて読み聞かせをし、短い質問を繰り返しながら、聞いたことを記憶に残す聞き方を身に付けてください。本問は内容としてはわかりやすいお話です。遊園地の情景を頭の中で思い浮かべたり、ネコさんが泣き出してしまった場面を想像しながら聞いていくと、登場人物や、その場の景色が記憶しやすくなります。楽しい子ども向けの絵本や物語を読み聞かせながら、お話を聞く楽しさ、聞きながら自分でもその情景を想像する楽しさを経験させ、さらにお話の終了後、お子さまにどのような情景が浮かんだのか、どんなお話だったのかなどを、お話させてみるのもいいと思います。

30 記憶（お話の記憶）

〈問題〉今日は太郎くんの妹のハナコちゃんの誕生日です。あいにくの雨ですが、太郎くんはお父さんとお母さんとおじいちゃんとハナコちゃんといっしょにデパートにお買い物に行きました。「きれいだね」とおじいちゃんが言いました。「満開だね！」とハナコちゃんが言いました。みんなでサクラを見ながら歩いていると、急に強い風がビューンと吹いてきました。「あ〜っ！」と叫んだのは太郎くん。なんと太郎くんの傘が風に吹かれて壊れてしまったのです。デパートに着くと、1番にハナコちゃんのバースデーケーキを買うため地下1階に行きました。「ゼリーも作りましょうね」とお母さんが言って、サクランボとモモとパイナップルも買いました。それからエレベーターで6階のおもちゃ売り場に行きました。ハナコちゃんは誕生日プレゼントに「ウサギのぬいぐるみを買ってもらおうか、クマのぬいぐるみを買ってもらおうか」とても迷いましたが、ウサギのぬいぐるみを買ってもらうことに決めました。太郎くんも大好きなミニカーを見つけて、「お母さん、僕もこれが欲しいよ！」と言いました。「太郎、今日はハナコのお誕生日だから我慢しましょうね」とお母さんがやさしく言ったので、太郎くんは「うん…そうだね！」と我慢しました。「お兄ちゃんはやっぱりえらいな」とお父さんが褒めてくれたので太郎くんはとてもうれしくなりました。エスカレーターで4階に降りて洋服売り場に行きました。そこでお父さんのYシャツを1枚、お母さんのスカートを1枚、太郎くんのTシャツを2枚、ハナコちゃんのズボンを3枚買いました。その後、文房具売り場でもうすぐ1年生になる太郎くんはクレヨンを買ってもらいました。「そうそう、太郎の新しい傘も買わなくちゃね。壊れてしまったものね」お母さんが思い出して、デパートの1階で太郎くんは新しい傘も買ってもらいました。「さあ、帰ろう。今夜はハナコの誕生日パーティーだよ」とお父さんが言いました。

①お話と同じ季節に咲くお花に○をつけてください。

②ゼリーに入れるために買ったくだものはどれですか。○をつけてください。

③太郎くんが買ってもらってないものぜんぶに○をつけてください。

④ハナコちゃんが今日買ってもらったものに○をつけてください。

〈筆記用具〉クーピーペンまたは色鉛筆（青）

〈解答時間のめやす〉各30秒

〈解答〉①タンポポ、チューリップ、スミレ
　　　②パイナップル、サクランボ、モモ
　　　③スカート、ウサギのぬいぐるみ、ズボン、ミニカー、クマのぬいぐるみ、Yシャツ
　　　④ウサギのぬいぐるみ、ズボン

〈解答のポイント〉

「お話の季節はいつですか」という質問は、お話の記憶でよくあります。「サクラ」が最初に登場するので、このお話はわかりやすい方だと思いますが、お話によってはわかりにくい表現もあります。「このお話の季節はいつなのか」という意識は、お話を聞く時にいつも持っておいてよいでしょう。また、お話の流れ（展開）を押さえられるようになってくると、余裕が生まれ、登場するものの色、数、状態といった「属性」が頭に入るようになります。そのレベルに近づくように場面をイメージし、情報を整理しながら聞くという習慣を持ちましょう。

31 記憶（お話の記憶）

〈問題〉お話をよく聞いて後の質問に答えてください。

空にうろこ雲が浮かんでいて、とても気持ちのいい日のことです。サル君とウサギさんとリスさんとタヌキ君はクリの木山にクリ拾いに行くことになりました。待ち合わせ場所はいつもみんなが遊んでいる公園の大きなイチョウの木の下です。1番に来たのはウサギさんで、赤のリュックサックをしょって赤の水筒を首から提げて赤い帽子をかぶっています。2番目に来たリスさんはピンクと青色のリュックサックにピンクの水筒でピンクの帽子をかぶっています。3番目に約束の時間ギリギリになってタヌキ君がタオルで汗を拭きながら走って来ました。「待たせてごめんね。あれ〜！ぼくが1番ビリだと思ったのにサル君がまだ来ていないね」タヌキ君は黒のリュックサックに白と青の野球帽をかぶって緑色の水筒を肩から斜めに提げています。「ねえ！タヌキ君のリュック何でそんなに膨らんでるの？」とウサギさんが聞くと「お弁当だよ。おにぎりが5個とクリームパンが1個とジャムパンが1個とチョコレートが1個とミカンが5個はいっているんだ。ミカンはまだちょっと青いから酸っぱいかもしれないよ」「え〜！それ全部タヌキ君が1人で食べるの？」ウサギさんとリスさんはあきれた顔でタヌキ君を見ています。そこにやっと緑色と黒のチェック柄の帽子とお揃いのリュックサックに青色の水筒を持ったサル君が来て「あ〜！みんな揃っているね。それじゃあ出かけよう」とすまして言いました。するとウサギさんが「遅刻してきたんだからちゃんとみんなに謝りなさいよ」と怒って言いました。するとサル君は「だって、お母さんが起こしてくれないから寝坊しちゃったんだ。昨日『ちゃんと起こして』って頼んだのに、起こすのを忘れたお母さんが悪いんだよ」と言いました。「来年になったら1年生になるんだからちゃんと自分で起きる練習をした方がいいと思う」とリスさんがやさしく言いました。そ

れを聞いたサル君は「ごめんなさい」と小さい声で謝りました。「さあ！出発しよう」タヌキ君の元気な声でクリの木山に向けて出発です。クリの木山の入り口まではバスに乗って行きました。ススキが銀色に輝きながら風に揺れている原っぱを通り過ぎて、しばらく山道を歩いていると途中でイノシシさんの家族に出会いました。イノシシさんたちはこの山道のすぐ下の川で魚釣りをするところでした。イノシシさんたちと別れてまた山道を登っていると「あ〜、もう疲れちゃったよ」とサル君が言いました。「もうすぐ頂上に着くよ。クリの木山は山の上の方にクリの木が生えているんだ。僕たちが歩いている道の両側はクリの木だらけだよ」タヌキ君が教えてくれました。「わ〜！頂上に着いたわ」ウサギさんとリスさんがピョンピョンはねながら喜びました。みんなは荷物を置くとさっそくクリ拾いを始めました。リスさんが「みんな、これをはめるとよいわ」と用意してきた軍手を渡しました。「これならクリのイガも痛くないね」とみんな口々に言いながらクリを拾い始めました。ところがクリがあまり落ちていません。ガッカリしているとそこにクマ君が来て「みんなどいて」と声をかけるといきなりクリの木に「ドス〜ン」と体当たりをしました。「バラバラバラ！」クリがみんなの目の前に落ちてきたではありませんか。クマ君のお陰でクリがたくさんとれました。すっかりお腹が空いてしまったみんなはクマ君も仲間に入れてお弁当を食べました。クマ君にはタヌキ君がおにぎりを2個とクリームパンとジャムパンを1個ずつわけて、ミカンはみんなに1個ずつあげました。リスさんはカキを6個持ってきていたのでみんなに1個ずつあげました。お弁当を食べた後、みんなはクリの木の林で隠れんぼをしたり鬼ごっこをしたりして楽しく遊びました。帰り道で「今度はクマ君もいっしょにまたみんなでハイキングに行こうね」とサル君が言いました。

① このお話に出てきた動物に青のクーピーペンで○をつけてください。
② 待ち合わせの場所に2番目に来たのは誰ですか。青のクーピーペンで○をつけてください。
③ 左の大きな○にはウサギさんのリュックサックの色、小さな○には

水筒の色を、右側の大きな○にはタヌキ君のリュック
サックの色、小さな○には水筒の色をそれぞれ塗って
ください。
④ハイキングの途中で出会った家族に青のクーピーペン
で○をつけてください。
⑤タヌキ君が食べたものに青のクーピーペンで○をつけ
てください。
⑥このお話の季節はいつだと思いますか。同じ季節の絵
に青のクーピーペンで○をつけてください。それはお
話のどこでわかりましたか、お話してください。

〈筆記用具〉クーピーペン（赤・青・緑・黒・黄）

〈解答時間のめやす〉各30秒

〈解答〉①右から２番目（イノシシさん）　②右端（リスさん）
　　　　③ウサギさん：リュックサック・赤・水筒・赤
　　　　　タヌキ君　：リュックサック・黒・水筒・緑
　　　　④左から２番目（イノシシさん）
　　　　⑤右端（おにぎり３個・チョコレート１個・ミカン１
　　　　　個・カキ１個）
　　　　⑥右から２番目（お月見）
　　　　　理由：秋になるとできるうろこ雲・クリ拾い・ミカ
　　　　　　　　ン・ススキ・リスさんの持ってきたカキなど

〈解答のポイント〉
かなり長いお話です。小学校受験では最長でこれぐらいの
長さと考えてください。お話の内容も出題も特に難しい
ところはありませんが、⑥の「どこで季節がわかりました
か」という質問について、少し補足しておきます。タヌキ
君が持ってきたミカンは冬のものですが、タヌキ君が、
「まだちょっと青いから酸っぱいかもしれない」と言って
いるので、その前の季節の秋が答えになります。

32 複合（記憶・巧緻性・常識）　難易度☆☆☆☆

〈準備〉左側の絵を指定の色に塗り、絵中央の点線で切り離しておく。

〈問題〉①（色を塗った絵を見せる）よく見て色を覚えてください（30秒
　　　　　後に絵を伏せ、色の塗られていない絵を渡して）覚えた色で絵
　　　　　を塗ってください。
　　　　②塗った絵は「七夕飾り」です。七夕はいつですか。
　　　　③「七夕」はどんな日ですか。お話してください。

〈解答時間のめやす〉①３分　②③適宜

〈解答〉①省略　②７月７日　③省略

〈筆記用具〉クレヨン

〈解答のポイント〉
絵や形の違いを見つけることが多い見る記憶ですが、本問のよう
な色を記憶するという問題は、慣れていないと戸惑いを感じるか
もしれません。解答の手がかりを見つけにくいので、純粋な記憶
力と集中力が問われる問題と言えます。その後には、常識問題が
続くので、思考の切り替えも必要になります。複合問題というと
難しく考えてしまいがちですが、１つひとつ別の問題ととらえる
ことで、単純な問題に切り分けることができます。先読みをせ
ず、問題を最後までしっかりと聞いてから解答するようにしまし
ょう。なお、地方によっては８月７日を七夕としているところあ
ります。お住まいの地方によってはその答えでも正解としてくだ
さい。

○問題集ワンポイントアドバイス

①アドバイスを読んでから問題を始めると効果的!

②イラストページはミシン目で切り離して使いましょう!

日本学習図書株式会社

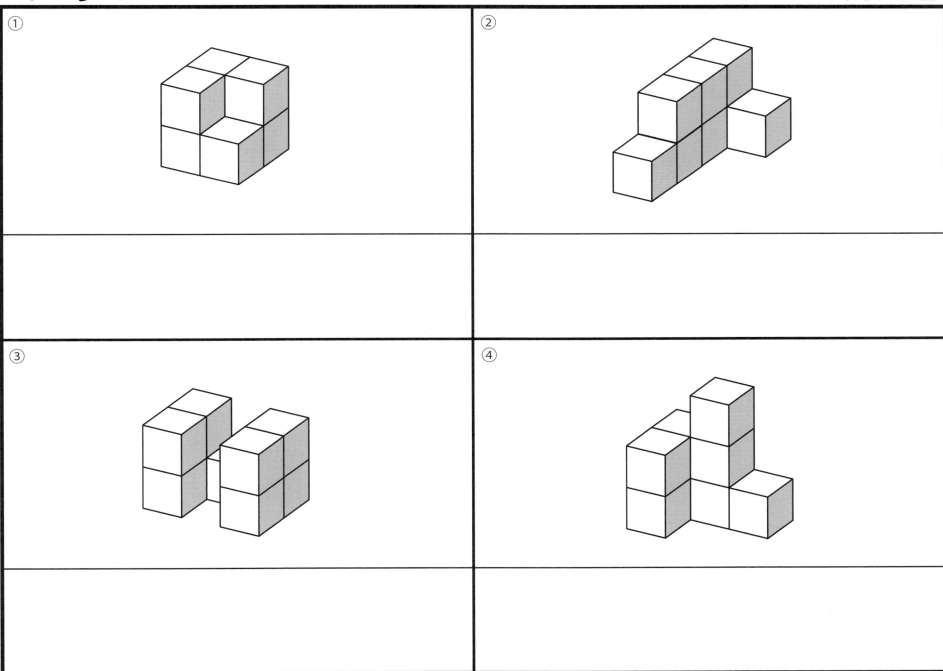

日本学習図書株式会社

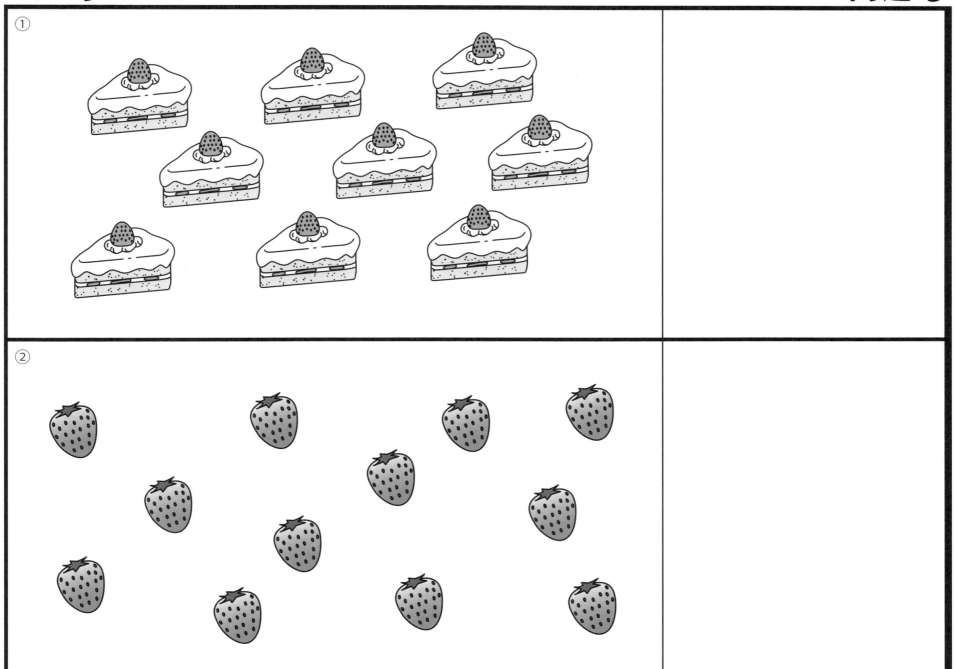

①

②

日本学習図書株式会社

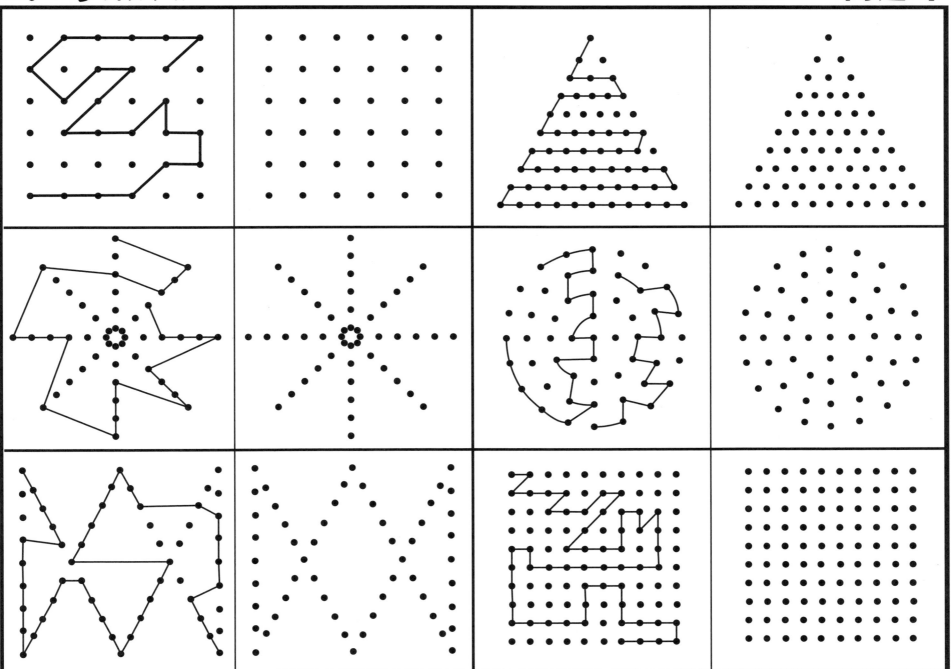

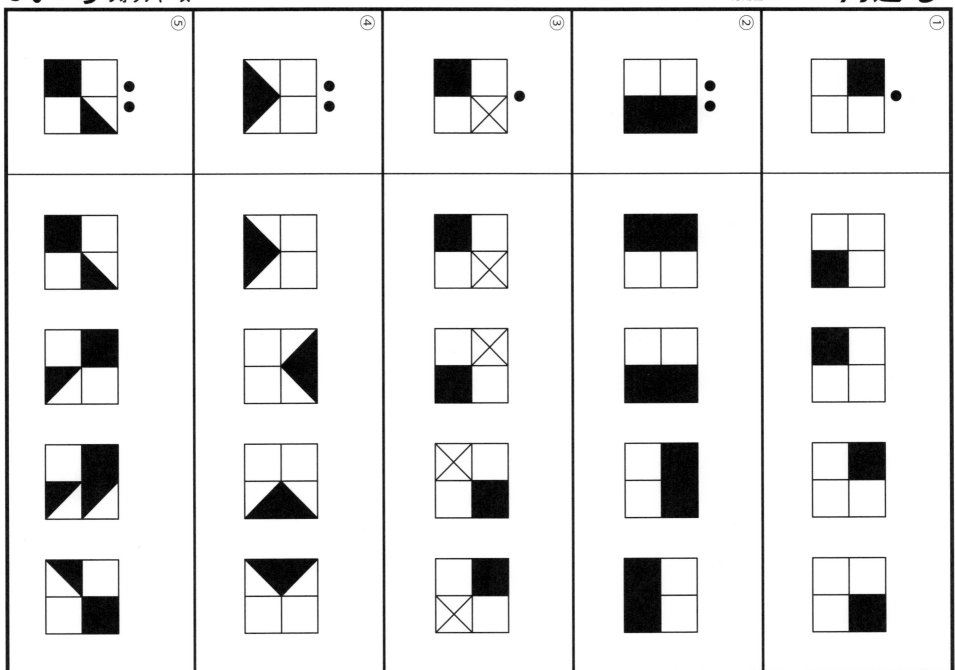

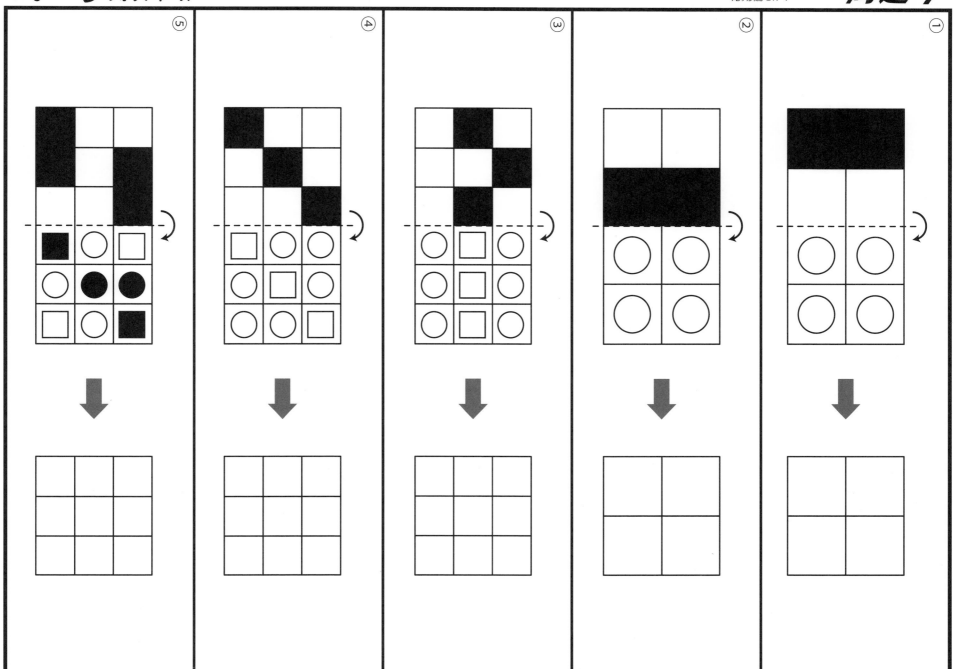

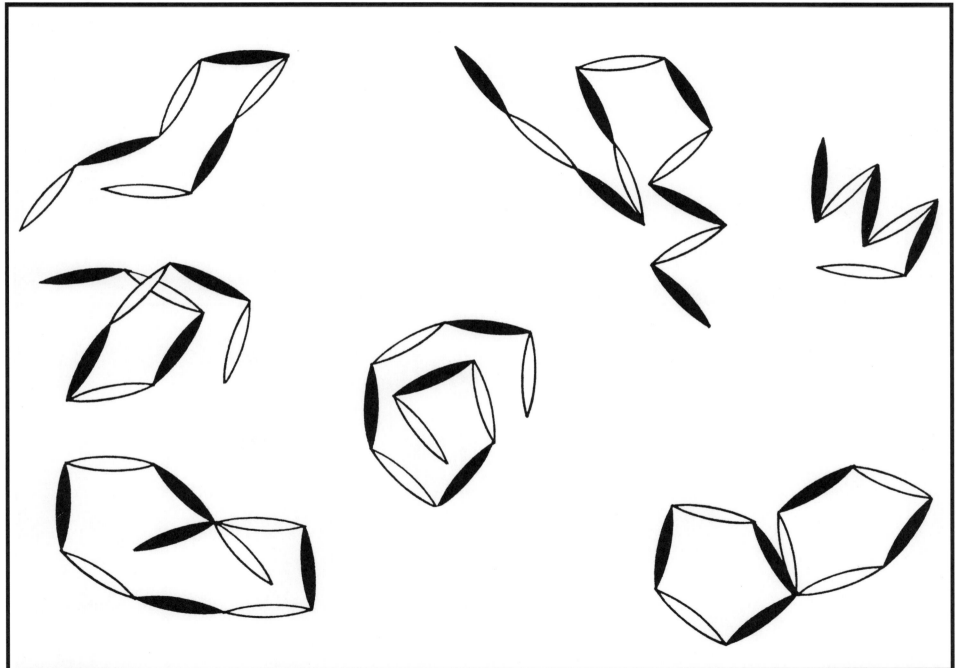

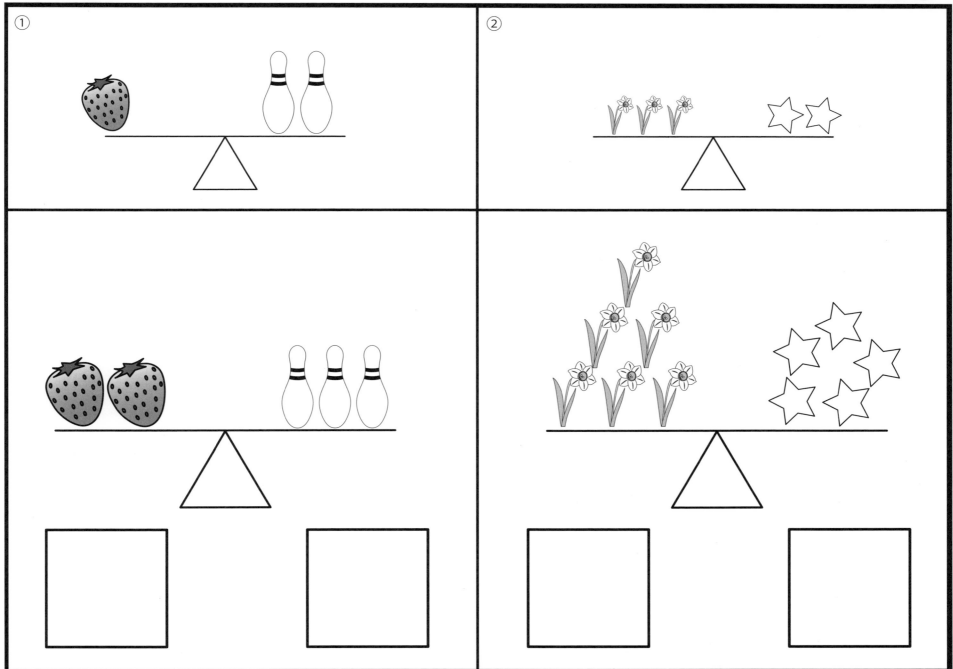

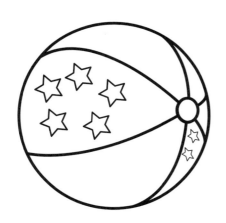

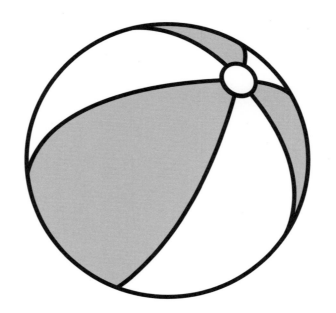

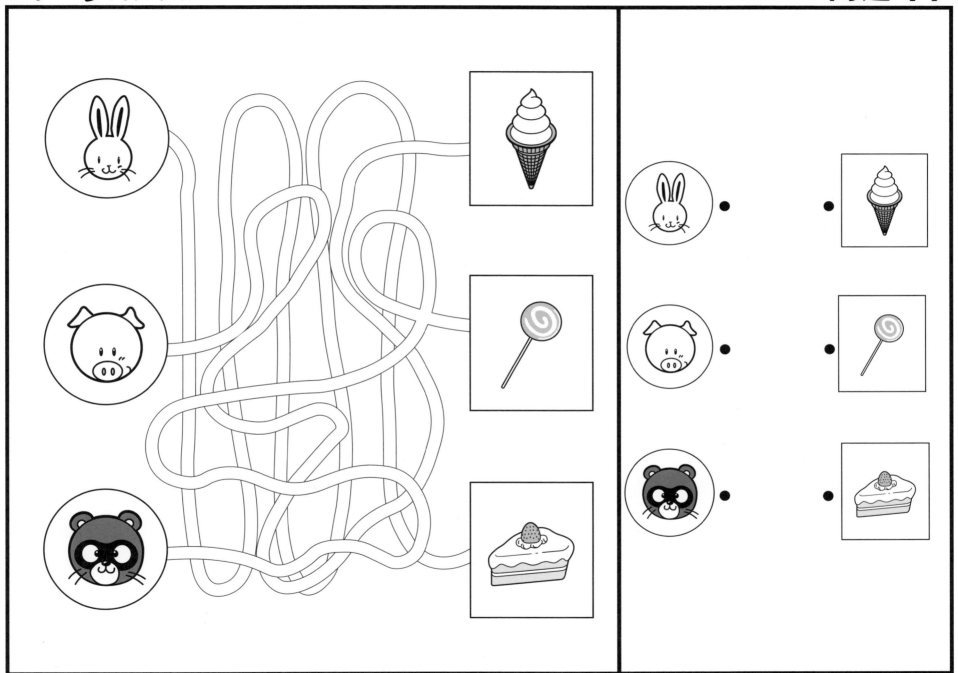

日本学習図書株式会社

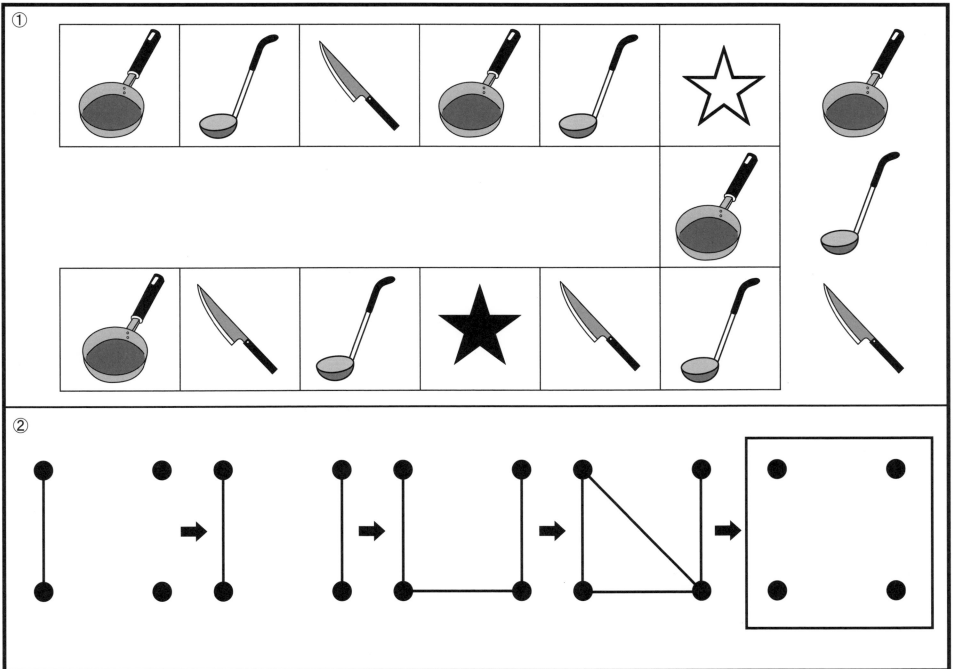

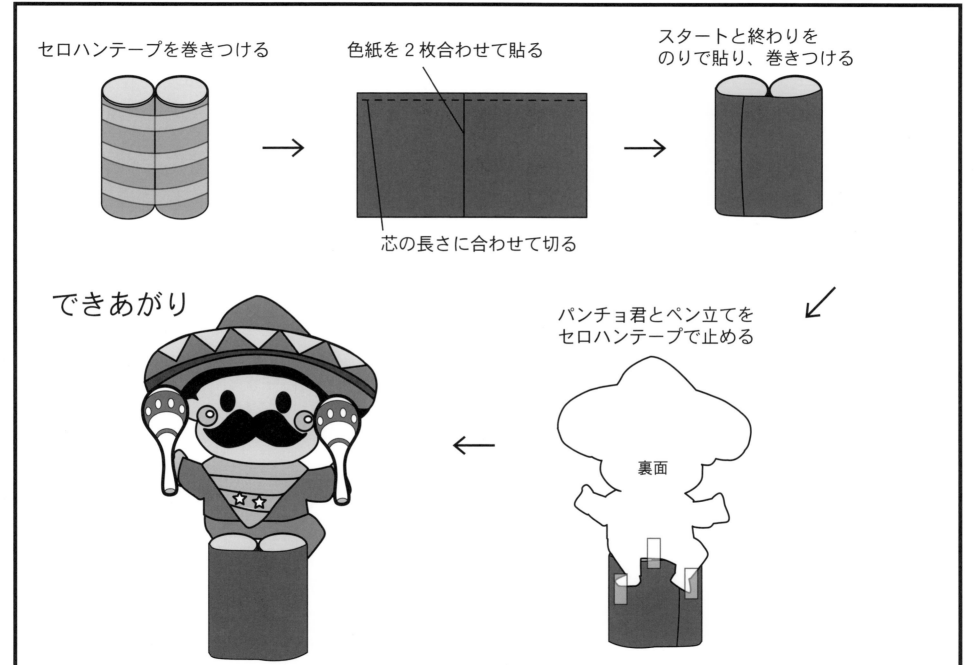

セロハンテープを巻きつける

色紙を2枚合わせて貼る

芯の長さに合わせて切る

スタートと終わりを
のりで貼り、巻きつける

パンチョ君とペン立てを
セロハンテープで止める

裏面

できあがり

日本学習図書株式会社

日本学習図書株式会社

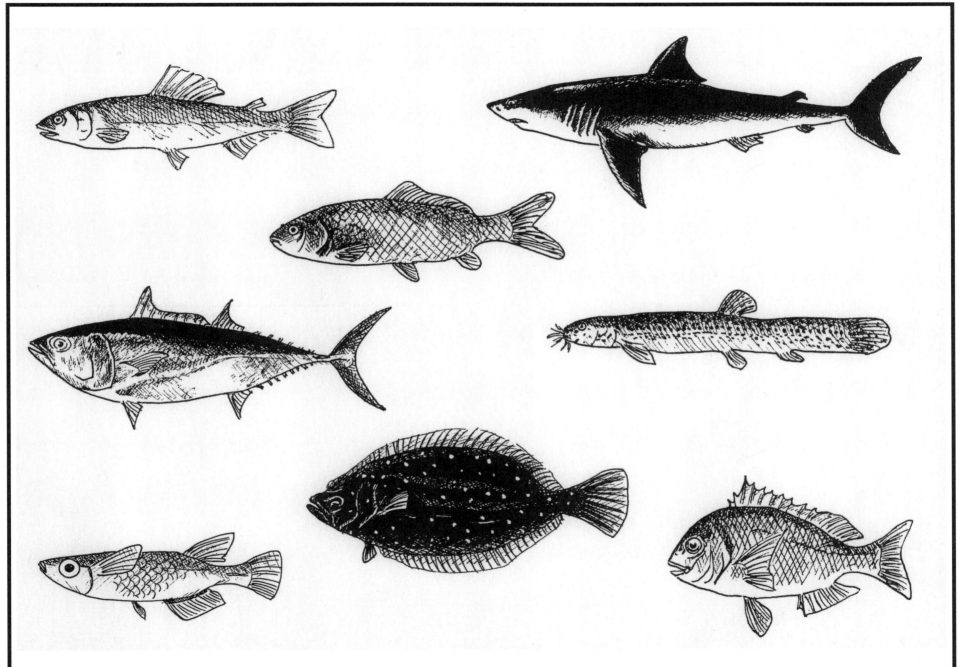

日本学習図書株式会社

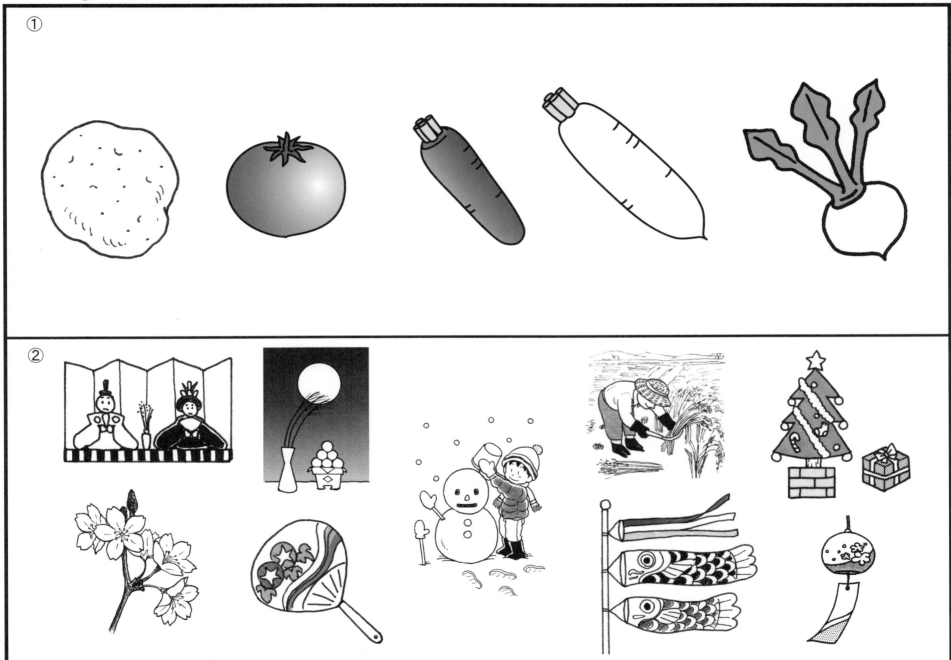

日本学習図書株式会社

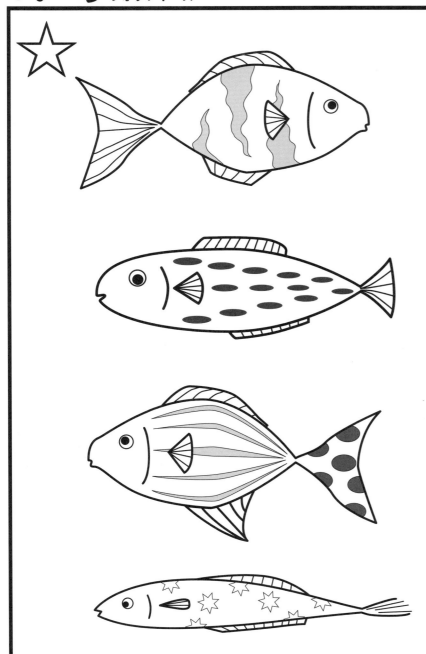
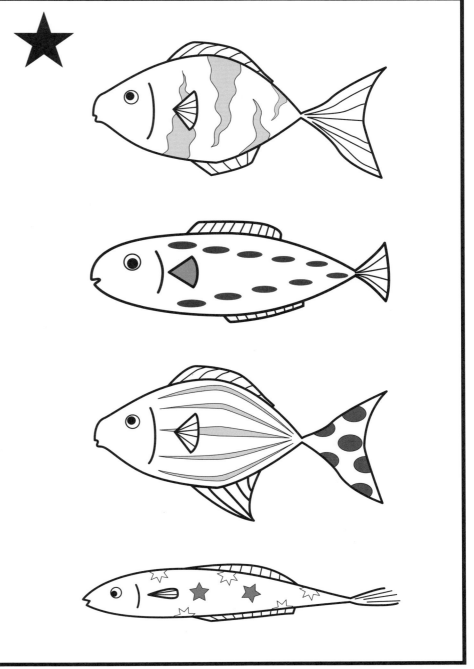

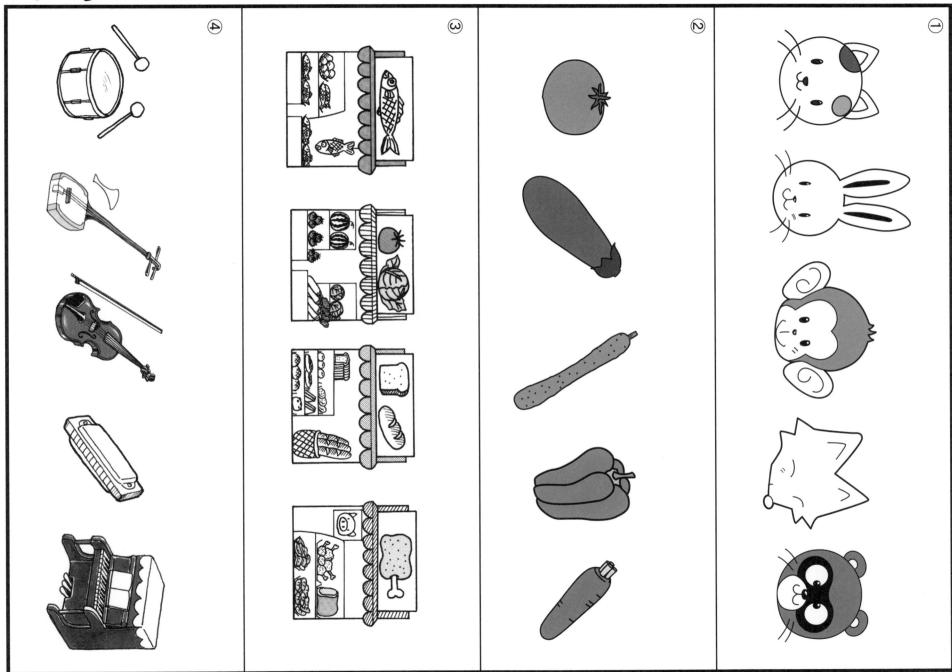

日本学習図書株式会社

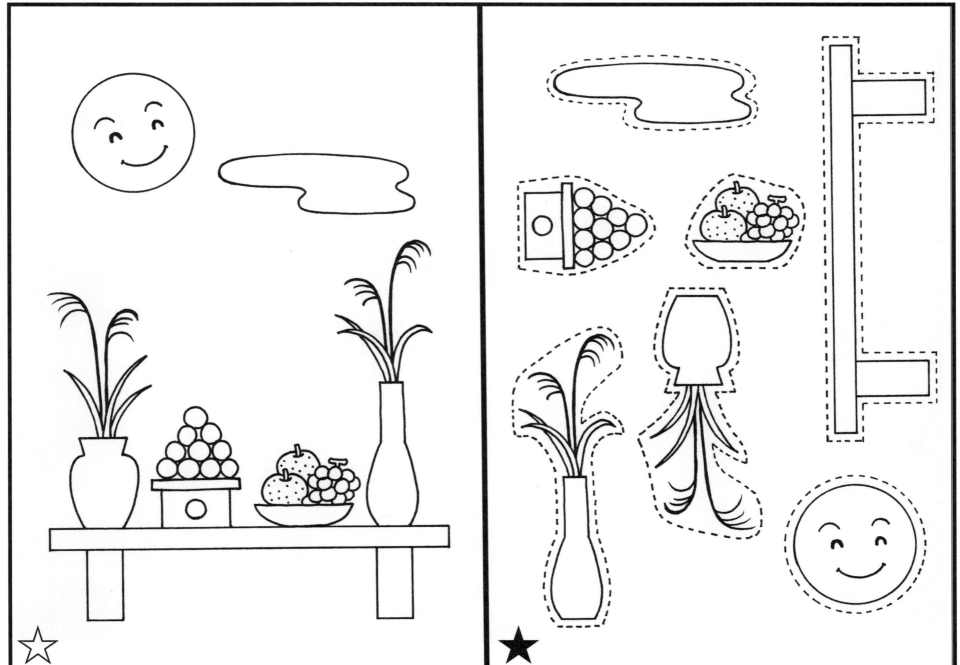

日本学習図書株式会社

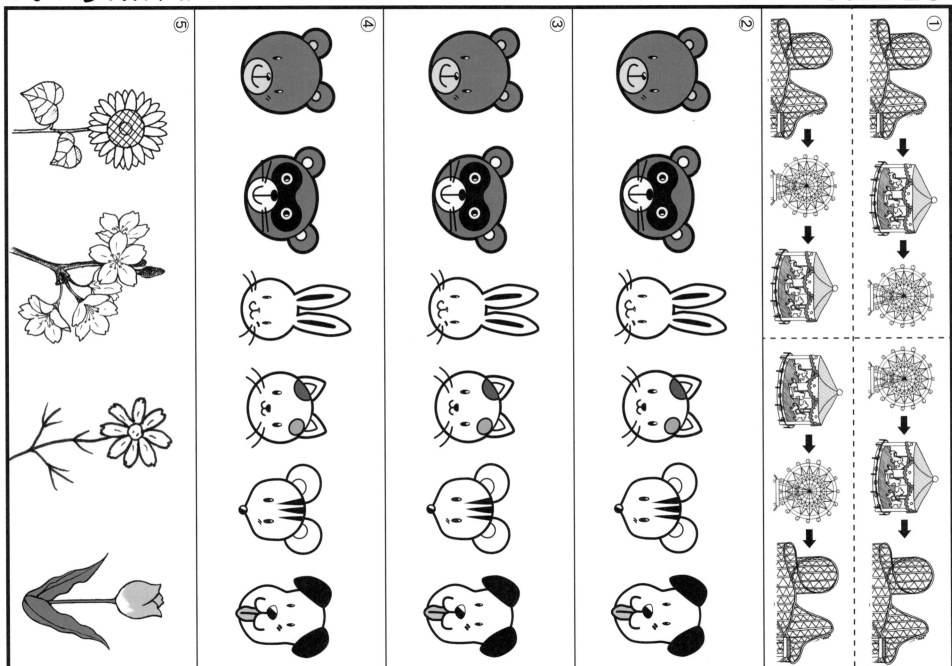

日本学習図書株式会社

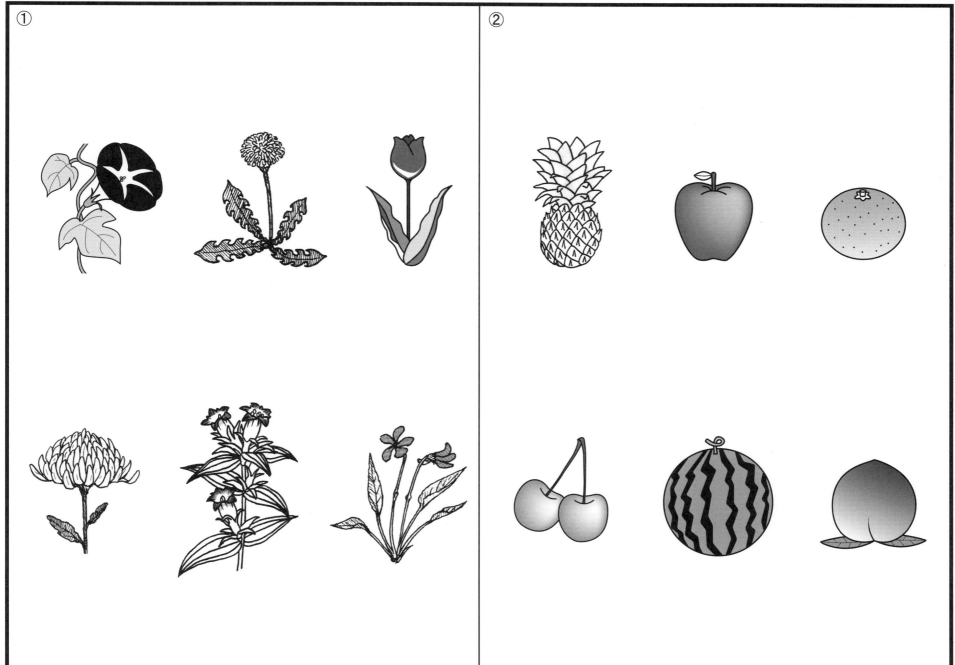

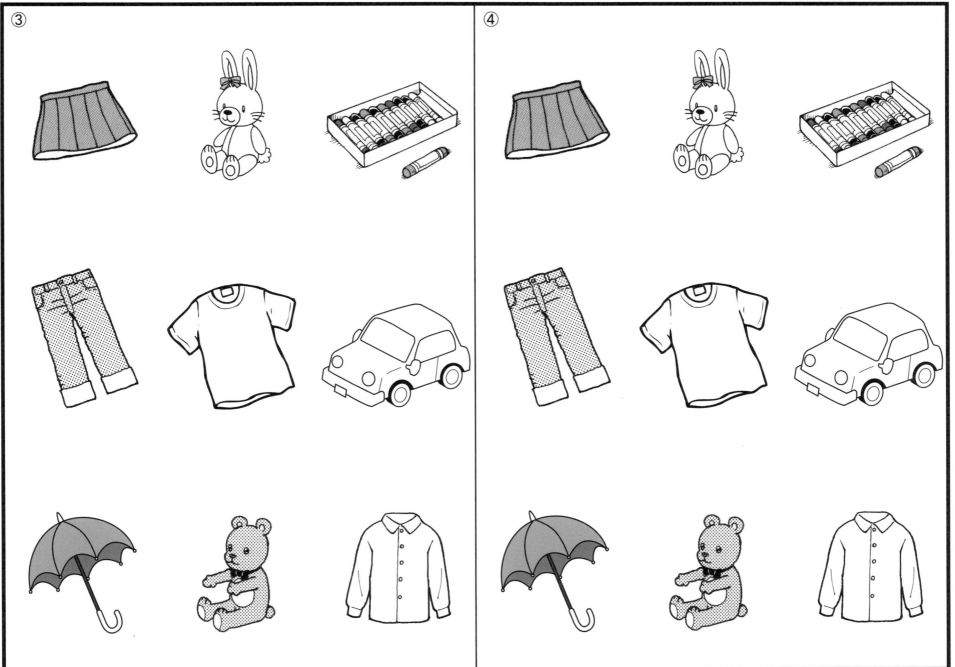

日本学習図書株式会社

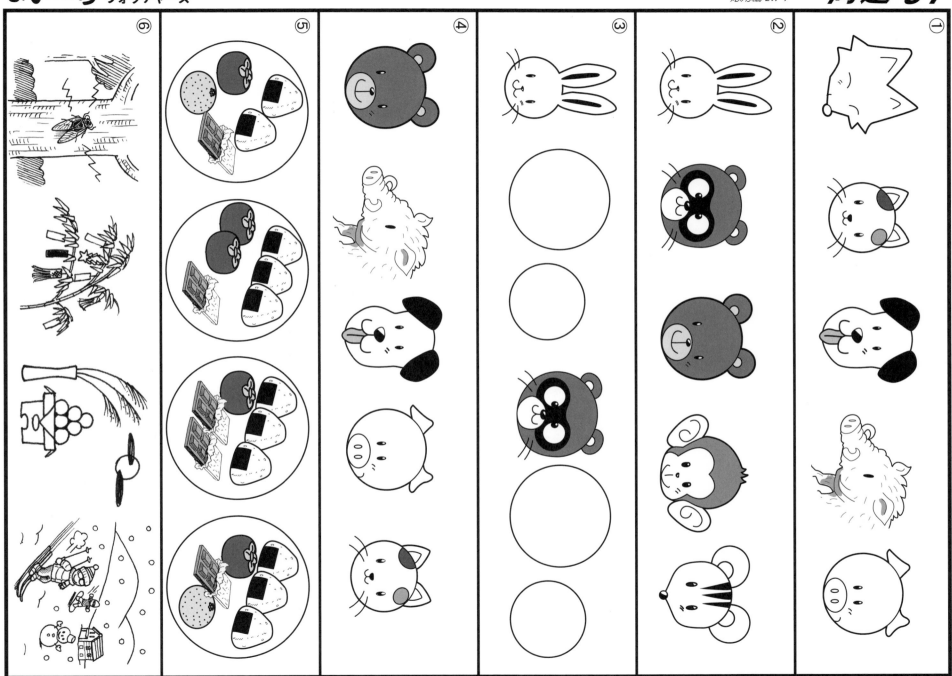

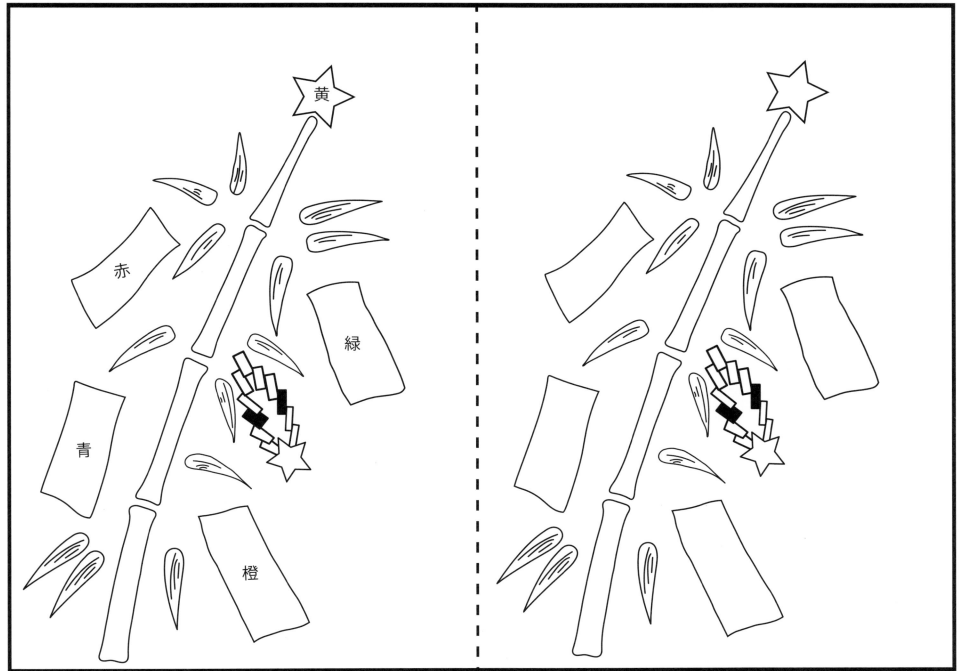